PHARES LENTICULAIRES

Système de M.ʳ Augⁿ FRESNEL.

FRANÇOIS Jne
…structeur de Phares dioptriques
…ffme de M. A. Fresnel,
…e des Poissonniers N°24.
…hors la barrière Poissonnière,
à Paris.

Notice sur la composition et les prix des Phares lenticulaires catoptriques et catadioptriques, Partie optique et mécanique

Les phares placés sur les côtes de la mer et destinés à en signaler l'approche aux vaisseaux doivent être disposés et combinés entr'eux de manière à indiquer, soit le point de la côte sur lequel ils sont posés, et la route à tenir, quand ils ont été aperçus, l'entrée d'une rade ou d'un port, la direction d'une passe ou d'un chenal ; dans ces derniers cas ; il suffit d'établir des phares à feux moins intenses et d'un entretien peu dispendieux.

Les grands phares destinés plus particulièrement à servir de points de reconnaissance des côtes, pour la marine militaire, la navigation au long cours, le grand cabotage, doivent en général être placés à peu de distance des côtes. Ils doivent être aussi, les uns par rapport aux autres, à des distances telles, que lorsque par un temps ordinaire, on commence à perdre de vue le phare dont on s'éloigne, il soit possible d'apercevoir celui dont on se rapproche.

On sent de quelle importance il est que les navigateurs, n'apercevant qu'un seul phare à leur approche des côtes ne puissent jamais

être exposés à se tromper et à prendre le phare qu'ils ont en vue pour l[e]
de ceux placés dans son voisinage. C'est ce qui a mis dans la néces-
sité de distinguer par des effets différents, chacun des phares qui s[e]
trouvent dans une certaine étendue de côtes

Beaucoup d'essais ont donc dû être faits dans le but de diversifi[er]
les apparences. Ces combinaisons sont encore aujourd'hui très limité[es]
les miroirs paraboliques de l'ancien système présentaient peu de
ressources; et l'on ne pouvait guère que varier la durée de la sta[tion]
des appareils d'éclairage, en augmentant ou en diminuant le nombre
éclats et des éclipses, dans un espace de temps donné, ou en adopt[ant]
des verres colorés, dont l'addition diminuait de moitié l'intensité [de la]
lumière, c'est à cette insuffisance que l'on doit les recherches qu[i]
amenèrent la découverte du système de M.r Fresnel qui frappé [du]
peu d'intensité des éclats de nos meilleurs phares paraboliques imag[ina]
les verres lenticulaires dont il a fait une application si satisfaisante [à la fois]
pour la supériorité de la lumière, et pour l'économie du combustib[le]

Les observations des marins Français et Étrangers ont confirm[é]
les avantages de cette découverte, et ont décidé de la préférence à [lui]
accorder.

Ce nouveau système permet de donner à divers phares d'un
même ordre, des différences d'apparence assez tranchées, pour qu[e]
ait jamais à craindre de méprises de la part des marins.
Supposons quatre phares à établir sur une côte, le premier [de]

un feu à éclipse de minute en minute, le second un feu à courtes éclipses, le troisième un feu à éclipses de demi minute en demi-minute, et le quatrième un feu fixe.

Les phares étant espacés entre eux d'après leur portée moyenne en temps ordinaire qui est de 10 à 12 lieues marines de vingt au dégré, l'espace entre deux phares voisins sera de vingt lieues et celui entre deux phares de même apparence sera environ de quatre vingts lieues marines. Cette distance dépasse du double celle qui résulterait de la plus grande erreur dont un vaisseau puisse être affecté, même après un gros temps ou une tempête.

Les besoins de la navigation exigent six espèces de phares différents entre eux d'intensité, classés ainsi:

Phares de 1re ordre catoptriques ou catadioptriques.

Phares de 2e ordre catoptriques ou catadioptriques.

Phares de 3e ordre catoptriques ou catadioptriques.

Phares de 4e ordre catadioptriques.

Phares de 5e ordre catadioptriques, dits feux de ports.

Phares de 6e ordre catadioptriques, dits feux de ports.

Les Phares catadioptriques ont sur les phares catoptriques l'avantage de 16 ½ pour % d'intensité en plus. Ce résultat a été constaté par M. Fresnel lors de l'expérience photométrique faite à l'observatoire le 28 Décembre 1843, en présence de MM. Arago et Mathieu.

Il est le seul qui jusqu'alors soit parvenu à la construction des phares catadioptriques de 1re Ordre.

Ces phares sont composés des mêmes pièces que les phares catoptriques ; la différence existe dans la suppression des cours de miroir qui sont remplacés par une coupole catadioptrique pour la partie supérieure et un système cylindrique de six anneaux catadioptriques également exécuté pour recueillir et ramener à l'horizon les rayons émanés du foyer et passant au dessous du tambour lenticulaires

La coupole est disposée pour recueillir et diriger vers l'horizon rayons lumineux émanés du foyer de l'appareil et passant au dessous du tambour dioptrique.

Elle est divisée en huit parties égales et se compose de 13 anneaux de verre à section triangulaire.

Le système de ces 13 anneaux remplace les 7 Zônes de miroir concaves ordinairement employés comme parties accessoires supérieures des appareils lenticulaires de 1er Ordre.

Voir le Compte-rendu de l'Académie en date du 8 Janvier 1844, ci annexé.

Phares de 1.er ordre.

(Diamètre intérieur 1 mètre 84 Centimètres.

Les phares de 1.er Ordre sont destinés à signaler les caps très avancés, ou à désigner les points de reconnaissance, et d'attérissage, aux navires venant du large. Ces phares présentent diverses apparences et reçoivent les dénominations ci-après :

Feu fixe, présentant une égale répartition de la lumiere sur tou les points de l'horizon.

Feu à courtes éclipses, présentant le caractère particulier d'un feu fixe, varié en 2 minutes 40 Secondes par des éclats précédés et suivis de courtes éclipses

Feu tournant, présentant des éclats et des éclipses qui se succèdent de minute en minute

Feu tournant, présentant des éclats et des éclipses qui se succèdent de demi-minute en demi-minute.

Tous les phares de 1.er ordre sont éclairés par une lampe à 4 mèches concentriques, à huile surabondante, consumant 750 grammes d'huile par heure.

L'huile est élevée, au moyen d'un mécanisme très simple, en quantité suffisante pour alimenter les flammes et procurer une surabondance d'huile nécessaire pour rafraîchir les bords du bec. L'excédant de l'huile consumée retombe dans le réservoir de la lampe. Un réveil est adapté à cette lampe, il porte à l'une des extrémités, un vase, que l'huile surabondante qui retombe du bec, tient constamment plein, et à l'autre extrémité un poids qui fait équilibre avec le vase plein. Lorsque l'huile n'arrive plus en quantité suffisante pour remplir le vase, le poids descend, et dégage l'arrêt que retenait le réveil, le cadran entre en mouvement, et avertit le gardien que la lampe réclame sa présence.

La lanterne dans laquelle les phares de 1.er ordre sont renfermés doit avoir 3.m 50.c de diamètre intérieur et 3 mètres de hauteur de vitrage. La lanterne est en fer, recouvert de bronze. Toutes les surfaces extérieures qui sont exposées à l'air de la mer, sont en bronze. Le toit ou la coupole qui couvre la lanterne, est en feuilles de cuivre rouge laminé. Les nervures en bronze sont soudées à l'étain sur les pièces de fer, et sont en outre fixées avec des vis en cuivre. Les encadremens dans lesquels sont fixées les glaces, sont en bronze. Le vitrage de la lanterne est en glaces de 0.m 08.c au moins d'épaisseur.

Une galerie de service en dalles de fonte reposant sur des corbeaux est disposée à la hauteur de la table de service, sur laquelle repose la lampe pour faciliter le nettoiement extérieur de l'appareil, et celui intérieur des glaces de la lanterne. Des rideaux sont placés dans la lanterne, du levant au couchant, afin d'empêcher les rayons solaires qui passeraient à travers les panneaux, d'endommager la lampe placée au centre de l'appareil, ou d'enflammer les objets combustibles qui se trouveraient placés au foyer des panneaux.

Feux fixes catadioptriques, 1er Ordre.

La portée moyenne de ces phares est de 20 milles.

Ils se composent de :

8 Panneaux lenticulaires de 1.m00 de hauteur, à 0m.70 de largeur et 0.m92 de foyer. Ces panneaux forment un tambour lenticulaire, au centre duquel est placée la lampe ;

8 Panneaux catadioptriques, formant coupole, placés au dessous du tambour lenticulaire.

8 Panneaux catadioptriques, placés au dessous du tambour lenticulaire

Tout le système repose, sur une armature immobile fixée sur une colonne en fonte.

Prix d'un Phare catadioptrique, de premier ordre, à feu fixe.

		F.	F.
Partie optique.	8 Panneaux lenticulaires cylindriques à .... Parties catadioptriques supérieure et inférieure.		
Lampes	3 Lampes mécaniques avec pièces accessoires (1)		
Armature	1 Armature fixe, avec pièces accessoires (2)		
Lanterne	1 Lanterne et objets accessoires (Voir le détail page 12)		
Fournitures diverses	Fournitures diverses (3) 150 cheminées de cristal .... 40 mètres de mèches de chacun des quatre numéros. Ferblanterie, brosserie, peaux de chamois, rouge à polir, ustensiles et outils		
	Total		

Nota : Si le phare ne devait éclairer qu'une partie de l'horizon, on remplacerait du côté de la terre, un certain nombre de panneaux lenticulaires par autant de réflecteurs en plaqué, à courbure sphérique dont le prix est de.

Un Phare catoptrique, à feu fixe de 1.ᵉʳ Ordre coûte

La portée moyenne de ces phares est de 18 milles.

---

(1) Poids moteur un écueil hydraulique et le doublage en cuivre des réservoirs.

(2) Deux échelles dont une simple et une double, avec ferrure, table de service, estrade, ferrure de table de service, 3 rideaux en coutil, peinture à trois couches de l'armature.

(3) Ferblanterie.
1 Filtre garni, deux bidons avec toisseaux, 1 seau, 1 lampe de veille, 1 lampe de quart avec lucerne, 4 moules à mèches, 2 burettes de ½ Kilog. 1 pompe batteur, 1 panier de service complet, 2 grattoirs, une mesure de 250 grammes, entonnoir, égouttoir, une boîte à issue.

Outils.
Une clef anglaise, un marteau, 1 étau à griffe, 1 étau à main, 2 tournevis, 4 paires de pinces, 4 limes communes, un émérisoir, une tenaille, 2 ciseaux à acier, 2 ciseaux à froid, fil de fer, fil de cuivre, 2 paires de ciseaux courbes.

Brosserie.
2 plumeaux de 0.ᵐ 28, deux brosses dites de boulanger, 1 balai de crin, 3 brosses à épousseter, 2 gros pinceaux queues de rat, 2 grosses éponges, 1 tête de loup, 2 gros pinceaux, 2 peaux blanches, 1 peau de chamois, et 1 brosse à manche en os.

Phares catadioptriques
1er Ordre, à courtes éclipses.

La portée moyenne de ces phares est de 22 milles.

Ils se composent de deux parties, l'une fixe, l'autre mobile. La partie fixe se compose exactement des mêmes pièces que le phare à feu fixe, qui vient d'être décrit. La partie mobile se compose de trois panneaux cylindriques équidistants, semblables à ceux du phare à feu fixe, mais dont la courbure est placée dans le sens horizontal, au lieu de l'être dans le sens vertical, de sorte qu'en passant devant les panneaux du feu fixe, ils produisent chacun par leur interposition un effet semblable à celui des panneaux sphériques ou annulaires; c'est à dire qu'ils diminuent la divergence des rayons dans le sens horizontal, et les rassemblent en cône lumineux, qui produit la sensation d'un éclat très brillant, quand il passe par l'œil de l'Observateur. Mais il est évident que cet accroissement de lumière ne peut avoir lieu qu'aux dépens de celle qui éclairait les directions voisines, et qu'ainsi cet éclat est précédé et suivi de courtes éclipses.

Ces trois panneaux sont établis sur une armature mobile en fer, dont le mouvement est réglé par une machine de rotation qui les fait tourner en douze minutes autour de l'appareil fixe.

Prix d'un Phare catadioptrique
de 1er. Ordre, à courtes éclipses.

9.

Partie optique. 8 Panneaux lenticulaires, cylindriques fixes ......

3 Panneaux mobiles ......

Parties Catadioptriques Supérieure et inférieure.

Lampes   3 Lampes mécaniques (Voir le détail (1) page 8)

Armatures   2 Armatures fixe et mobile avec leurs accessoires (1)

Machine de rotation 1 Machine de rotation et ses accessoires (2)

Lanterne   1 Lanterne et ses accessoires (Voir le détail (1) page 12

Fournitures diverses : Fournitures et dépenses accessoires (Voir le détail p. 8.)

150 Cheminées de cristal ......

40 mètres de mèches de chacun des quatre numéros

Ferblanterie, brosserie, peaux de Chamois, rouge à

polir, ustensiles outils &c.

Total ......

Un Phare catoptrique 1er. Ordre à courtes éclipses coûte ......

La portée moyenne de ces phares est de 20 milles.

(1) 2 Armatures dont une fixe et
une mobile, 2 échelles, une simple
et une double. avec ferrure, table
de service, garniture en cuivre,
estrade et sa ferrure, peinture à
trois couches de l'Appareil.

(2) Une machine de rotation
garnie de toutes ses pièces, y
compris roue de Communication
de mouvement, jeu de poulies et
Doubles avec volant pendule
de rechange, couteau et tige de
suspension, enveloppe en cuivre
de la machine, avec pied en fer,
Coulisse et peinture en bronze,
pied, moteur en fonte à chaque
mobile, avec tige en fer.

Feux tournans à éclipses

de minute en minute.

La portée moyenne de ces phares est de 26 milles.

Ils se composent de :

8 Panneaux lenticulaires de $0^m.92^c$ de foyer, de 1^m de hauteur et $0^m.776^m$ de largeur, formant un polygone au centre duquel est placée la lampe.

Ces huit panneaux sont disposés sur une armature mobile, à qui une machine de rotation fait faire un tour complet en huit minutes.

La disposition de cette armature mobile permet de placer intérieurement une autre armature également mobile qui porte les pièces ci-après.

8 Lentilles pyramidales et leurs miroirs plans.

Un système cylindrique de six anneaux catadioptriques placés au dessous du tambour lenticulaire.

Tout le système repose sur une colonne en fonte.

Prix d'un Phare de 1er ordre à éclipse
de minute en minute.

Partie optique   8 Panneaux annulaires ....

     8 Lentilles Pyramidales et leurs miroirs plans
     Partie catadioptrique inférieure

Lampes   3 Lampes mécaniques (Voir le détail (1) page 8)

Armatures   2 Armatures et leurs accessoires (Voir le détail page 10)

Machine de Rotation   1 Machine de Rotation (Voir le détail (2) page 10)

Lanterne   1 Lanterne et ses accessoires (1) ....

Fournitures diverses. Fournitures et dépenses accessoires (Voir le détail page 8)

     150 Cheminées de cristal

     40 mètres de mèches de chacun des 4 numéros ..

     Ferblanterie, brosserie, peaux de Chamois, rouge

     à polir, ustensiles, outils &c.

Total ....

(1) Un Phare catoptrique de 1er ordre à éclipses,
de minute en minute coûte ....

La portée moyenne de ces Phares est de 24 milles

---

(1) Paratonnerre en cuivre, avec embase en bronze et pointe en platine, conducteur en fil de laiton, supposé de 50 mètres de longueur et du poids de 50 kilogrammes. Vitrage en glaces; avec 4 panneaux complets pour échange; 20 panneaux 8 stores y compris les supports en bronze. Peinture à 3 couches de l'appareil.

La galerie de service ou le marche pied en fonte est fixée approximativement à 900 f.ct on n'est pas compris dans le prix de la lanterne.

Feux tournants à éclipses
de demi-minute en demi-minute.

La portée moyenne de ces phares est de 24 milles.

Ils se composent de :

16 Demi-panneaux annulaires de 0^{m}92^c de foyer, de 1^m de hauteur et 0^{m}371^{mil} de largeur.

Une armature mobile en fer sur laquelle ces seize demi-panneaux sont placés.

Cette armature est mise en mouvement par une machine de rotation qui fait faire à l'appareil un tour complet en huit minutes.

Une armature également mobile placée intérieurement qui reçoit 8 lentilles pyramidales et leurs miroirs plans.

Un système cylindrique de six anneaux catadioptriques placés au dessous du tambour lenticulaire.

Tout le système repose sur une colonne en fonte.

Prix d'un Phare de 1er ordre à éclipses
de demi minute en demi minute.

Partie optique . 16 Demi panneaux annulaires ....
8 lentilles pyramidales et leurs miroirs plans
Partie catadioptrique inférieure .

Lampes ...... 3 Lampes mécaniques (Voir le détail (1) page **8**) .....

Armatures ... 2 Armatures et leurs accessoires (Voir le détail page 10)

Machine de Rotation 1 Machine de rotation (Voir le détail (2) page 10) ...

Lanterne   1 Lanterne et ses accessoires (Voir le détail (1) page 12)

Fournitures diverses Fournitures et dépenses accessoires (Voir le détail page 8)
150 Cheminées de cristal ....
40 mètres de mèches de chacun des quatre numéros
Ferblanterie, brosserie, peaux de chamois, rouge
à polir, ustensiles, outils &c ....

Total ....

Un Phare catoptrique de 1er ordre à éclipses de
demi minute en demi minute, coûte ... .

La portée moyenne est de 22 milles .

Prix de l'Entretien annuel
d'un Phare de 1ᵉʳ Ordre.

3165 Kilogrammes d'huile de Colza à 1ᶠ40ᶜ........	4,431ᶠ
Mèches et cheminées de cristal........................	150
Linge, esprit de vin, rouge à polir, mastic &ᶜᵃ.......	130
Entretien des Lampes et cordes de la machine de rotation..	90
Id. du vitrage de la lanterne et de sa peinture.........	100
Id. du mobilier..	75
Salaires des trois gardiens :	
Chef...................................., 650 .	
2ᵉ et 3ᵉ gardiens à 600ᶠ............, 1200 .	1,850
Chauffage des gardiens................................	200
Frais de Surveillance.................................	600
Total........	7.626 .

La dépense pour l'entretien annuel, détaillée ci-dessus, est commune à tous les phares du premier ordre, quelles que soient leurs différences, cependant on pourrait, dans les phares à feu fixe, retrancher un des trois gardiens.

Phares de 2ᵉ Ordre.
Diamètre intérieur 1ᵐ,40.

Les Phares de 2ᵉᵐᵉ ordre doivent en général être placés à l'ent des grandes rivières ou sur les écueils entourés de bas fonds.

Ils sont susceptibles de présenter les mêmes apparences que les phares de 1ᵉʳ ordre.

Ils sont éclairés par une lampe à trois mèches concentriques, consumant 400 grammes d'huile par heure.

Cette lampe d'une plus petite dimension que celle du 1ᵉʳ ordre, est construite dans le même système.

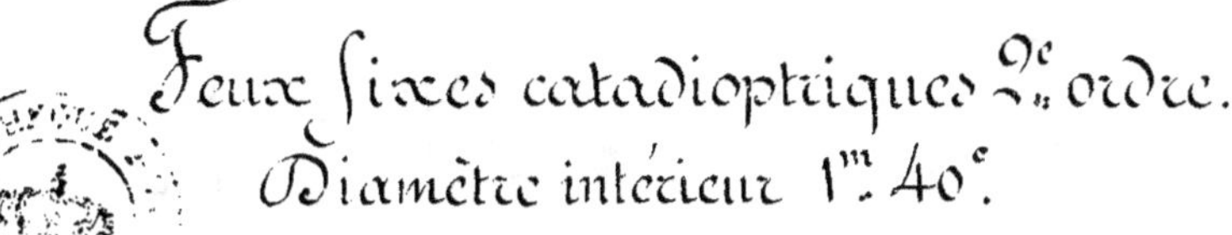

Feux fixes catadioptriques 2.ᵈᵉ ordre.
Diamètre intérieur 1ᵐ. 40ᶜ.

La portée moyenne de ces phares est de 16 milles

Ils se composent de :

6 Panneaux lenticulaires de 0ᵐ 70ᶜ de foyer formant un tambour lenticulaire de 1ᵐ 40ᶜ de diamètre intérieur, au centre duquel est placée la lampe.

3 Panneaux catadioptriques formant coupole, placés au dessus du tambour lenticulaire.

3 Panneaux catadioptriques placés au dessous du tambour lenticulaires.

Toutes ces pièces sont portées par une armature en fer fixée sur une colonne en fonte.

Prix d'un Phare catadioptrique de 2.ᵉ ordre à feu fixe.

Partie optique . 6 Panneaux lenticulaires cylindriques à ....
Parties catadioptriques Supérieure et inférieure

Lampes. 3 Lampes mécaniques et leurs accessoires (Voir à la page 8.)

Armature. 1 Armature fixe et ses accessoires (Voir le détail à la page 8)

Lanterne. 1 Lanterne et ses accessoires (Voir à la page 12)

Fournitures diverses. Fournitures diverses (Voir à la page 8)
150 Cheminées de cristal ....
40 Mètres de mèches de chacun des quatre numéros.
Ferblanterie, brosserie, peaux de chamois, rouge
à polir, ustensiles et outils. ....

Total ....

Même nota qu'au feu fixe, 1.ᵉʳ Ordre.

———————

Un phare catoptrique à feu fixe 2.ᵉ ordre coûte
La portée moyenne de ces phares est de 15 milles

Phares catadioptriques 2ᵉ Ordre.
à Courtes éclipses.

La portée moyenne de ces phares est de 19 milles.

Ils se composent de deux parties, l'une fixe et l'autre mobile, la partie fixe se compose exactement des mêmes pièces que le phare à feu fixe, ci-dessus ; et la partie mobile est la même, mais en plus petit que celle du phare à courtes éclipses de 1ᵉʳ ordre.

Prix d'un Phare catadioptrique
de 2.e ordre à courtes éclipses.

Partie optique . 6 Panneaux lenticulaires ....
3   Idem   mobiles ....
Parties catadioptriques supérieure et inférieure

Lampes . 3 Lampes mécaniques (Voir le détail (1) page 8)

Armatures . 2 Armature fixe et mobile (Voir le détail (1) page 8)

Machine de rotation 1 Machine de rotation (Voir le détail (2) page 10)

Lanterne 1 Lanterne et ses accessoires (Voir le détail page 12)

Fournitures diverses. Fournitures et dépenses accessoires.
150 Cheminées de cristal ....
40 mètres de mèches de chacun des quatre Numéros
Ferblanterie, brosserie, peaux de chamois, rouge
à polir, ustensiles, outils &.^a ....

Total ....

Même note qu'au feu fixe, premier ordre.

Un phare catadioptrique de 2.e ordre à courtes éclipses coûte

La portée moyenne de ces phares est de 18 milles.

Feux tournants à éclipses 2.e Ordre.
De minute en minute.

La portée moyenne de ces phares est de 20 milles.

Ils se composent de :

8 Panneaux lenticulaires de $0^m.815^{mil}$ de hauteur, 0,590 de largeur et $0^m.70^c$ de foyer, formant un polygone, au centre duquel est placée la lampe.

Ces huit panneaux sont disposés sur une armature, mobile, à qui une machine de rotation fait faire un tour complet en huit minutes.

La disposition de cette armature mobile permet de placer intérieurement une autre armature immobile qui porte les pièces ci-après.

3 Panneaux catadioptriques formant coupole, placés au dessus du tambour lenticulaire.

Un système cylindrique de six anneaux catadioptriques placés au dessous du tambour lenticulaire.

Tout le système repose sur une colonne en fonte.

Prix d'un Phare de 2.e Ordre à éclipses de minute en minute.

Partie optique.	8 Panneaux lenticulaires. Parties catadioptriques supérieure et inférieure	
Lampes.	3 Lampes mécaniques (Voir le détail (1) page 8)	
Armatures.	2 Armatures fixe et mobile (Voir le détail (1) page 8)	
Machine de Rotation	1 Machine de rotation (Voir le détail (2) page 10)	
Lanterne.	1 Lanterne et ses accessoires (Voir le détail, page 12)	
Fournitures diverses.	Fournitures et dépenses accessoires 150 Cheminées de cristal .... 40 mètres de mèches de chacun des quatre numéros... Ferblanterie, brosserie, peaux de chamois, rouge à polir, ustensiles et outils.........................	

Total ....

Même Nota qu'au feu fixe 1.er Ordre

Un phare catadioptrique de 2.e Ordre à éclipses
de minute en minute coûte ....
— La portée moyenne de ces phares est de 19 milles.

Feux tournants à éclipses 2.ᵉ Ordre.

de demi-minute en demi-minute.

La portée moyenne de ces phares est de 19 milles

Ils se composent de :

12 panneaux annulaires de 0.ᵐ70 de foyer de 0.ᵐ381 de largeur et

0, 815 de hauteur.

Ces 12 panneaux sont disposés sur une armature mobile à qui

une machine de rotation fait faire un tour complet en six

minutes.

La disposition de cette armature mobile permet de placer

intérieurement une autre armature immobile qui porte les pièces

ci-après :

3 Panneaux catadioptriques formant coupole placés au

dessus du tambour lenticulaire.

Un système cylindrique de six anneaux catadioptriques

placés au dessous du tambour lenticulaire.

Tout le système repose sur une colonne en fonte..

Prix d'un phare de 2.ᵉ Ordre à éclipse
de demi-minute en demi-minute.

Partie optique   12 Panneaux lenticulaires ....

Parties catadioptriques supérieure et inférieure

Lampes   3 Lampes mécaniques (Voir le détail (1) page 8)

Armatures   2 Armatures fixe et mobile (V. le détail (1) page 10)

Machine de rotation   1 Machine de rotation (Voir le détail (2) page 10).....

Lanterne   1 Lanterne et ses accessoires (V. le détail, page 12)...

Fournitures diverses. Fournitures et dépenses accessoires.

150 Cheminées en cristal ....

40 Mètres de mèches de chacun des quatre numéros

Ferblanterie, brosserie, peaux de chamois, rouge à

polir, ustensiles, outils, &c ....

Total ....

Même note qu'au feu fixe, 1.ᵉʳ ordre.

Un phare catoptrique de 2.ᵉ ordre à éclipses de demi minute en demi minute coûte ....

La portée moyenne de ces phares est de 18 milles.

Prix de l'entretien annuel d'un Phare de 2.e ordre.

1600 Kilog. d'huile de Colza, à 1^f 40^c	2,240
Salaire de deux gardiens	1,200
Mêches et Cheminées de cristal	200
Vieux linges et rouge à polir	200
Chauffage des gardiens	200
Peinture et renouvellement des glaces de la lanterne	400
Entretien du mobilier des lampes et frais de surveillance	400
Total	**4,840**

Phares de 3.e Ordre.
Diamètre intérieur 1^m00^c.

Les phares de 3.e ordre servent en général à signaler l'embouchure des rivières, l'entrée des rades et des ports ou les points de mouillage.

Ces phares ne peuvent présenter avec avantage les mêmes variations que ceux des ordres précédens, on a restreint le nombre de leurs apparences aux deux suivantes:

Feu fixe.

Feu à courtes éclipses.

Ils sont éclairés par une lampe à 2 mèches concentriques consommant 190 grammes d'huile par heure ; cette lampe d'une plus petite dimension que celles de 2ᵉ ordre est construite dans le même système.

La lanterne de ces phares est de 2ᵐ 50ᶜ de diamètre intérieur et 1ᵐ 50ᶜ de hauteur de vitrage.

Feux fixes catadioptriques de 3ᵉᵐᵉ ordre.

La portée de ces phares est de 15 milles :

Ils se composent de :

4 Panneaux lenticulaires de 0ᵐ 68ᶜ de hauteur, 0ᵐ 58ᶜ de largeur et 0ᵐ 50 de foyer

2 demi panneaux formant portière pour faciliter le service de la lampe.

5 panneaux catadioptriques formant coupole, placés au dessus du tambour lenticulaire.

Prix d'un Phare catadioptrique
à feu fixe de 3ème ordre.

Partie optique	4 Panneaux cylindriques fixes	
	2 demi panneaux formant portière	
	5 panneaux catadioptriques	
Lampes	3 lampes mécaniques et leurs accessoires	
Armature	1 Armature et ses accessoires	
Lanterne	1 Lanterne et ses accessoires	
Fournitures diverses	Fournitures et dépenses accessoires	
	Mèches et cheminées de cristal	
	Ferblanterie brosserie, peaux de chamois et	
	rouge à polir, ustensiles outils &c...	

Total ....

Un phare catadioptrique à feu fixe de 3e ordre coûte .....

La portée moyenne de ces phares est de 14 milles.

Phares catadioptriques
à Courtes éclipses 3ᵉ Ordre.

La portée de ces phares est de 16 milles

Ils se composent de deux parties, l'une fixe et l'autre mobile ; la partie fixe se compose exactement des mêmes pièces que le phare à feu fixe ci-dessus ; la partie mobile est la même mais en plus petit, que celle du phare à courtes éclipses de 1ᵉʳ ordre.

Prix d'un Phare catadioptrique
de 3ᵉ Ordre, à Courtes éclipses.

Partie optique .	4 panneaux cylindriques	
	2 demi panneaux formant portière	
	3 panneaux cylindriques mobiles	
	5 panneaux catadioptriques formant coupole	
Lampes .	3 Lampes mécaniques	
Armatures .	2 Armatures fixe et mobile et leurs accessoires	
Machine de rotation .	Machine de rotation et ses accessoires	

à reporter . . . .

Report d'autre part..   F.   F.

Lanterne   1 Lanterne et ses accessoires ....

Fournitures diverses.   Fournitures et dépenses accessoires ....
                        Mèches et cheminées de cristal ....
                        Ferblanterie, brosserie peau de chamois, rouge
                        à polir, ustensiles outils &ᶜ ....

                                        Total ....

Un catoptrique à courtes éclipses de 3ᵉ ordre coûte.....
La portée moyenne de ces phares est de 15 milles.

Prix de l'entretien annuel d'un phare de 3ᵉ ordre.

760 Kilogrammes d'huile de Colza à 1ᶠ 20ᶜ	1 064ᶠ.
Salaire de deux gardiens	1,200 .
Mèches et cheminées de cristal..................	150
Chauffage des gardiens	200
Vieux linges et rouge à polir	58
Peinture et renouvellement des glaces de la lanterne	180
Entretien du mobilier des lampes et frais de surveillance	100

                                        Total 2,952

Phares de 4.ᵉ 5.ᵉ et 6.ᵉ Ordres.

Les phares de 4.ᵉ 5.ᵉ et 6.ᵐᵉ ordres servent à signaler l'entrée d'un port ou la direction d'une passe ou d'un chenal

Ces petits appareils ne présentent que deux caractères

Savoir :

Feu fixe.

Feu à courtes éclipses :

Ces phares sont éclairés par une lampe d'Argant ordinaire à niveau constant, consumant 140 grammes d'huile par heure.

Feux fixes, 4ᵐᵉ Ordre.
Diamètre intérieure 0ᵐ 50ᶜ.

La portée des phares de 4.ᵉ ordre est de 12 milles,

Ils se composent d'un tambour lenticulaire formant un cylindre autour de la lampe placée au centre.

5 prismes catadioptriques circulaires placés au dessus du tambour lenticulaire.

3 prismes catadioptriques également circulaires placés au dessous du tambour.

Toutes ces pièces sont portées sur une armature en cuivre.

Prix d'un Phare à feu fixe de 4ème Ordre.

Partie Optique .	Appareil éclairant l'horizon entier, y compris le candélabre en fonte et les pièces accessoires	
Lampes	3 Lampes à niveau constant	
Lanterne .	1 Lanterne et ses accessoires	
Fournitures diverses	Fournitures et dépenses accessoires. Mêches et Cheminées de Cristal .... Ferblanterie, brosserie, peau de chamois, rouge à polir, ustensiles, outils &ª	

Total ....

Phares à Courtes éclipses de 4ème Ordre.

La portée moyenne de ces phares est de 15 milles.

Ils se composent comme ceux des ordres précédens, de deux parties, l'une fixe et l'autre mobile. La partie fixe comprend les mêmes pièces que le feu fixe ci-dessus, et la partie mobile est composée de deux panneaux cylindriques tournans placés sur une armature mobile faisant sa révolution en six minutes

Prix d'un Phare à courtes éclipses de 5ᵉ Ord

Partie optique.	1 Appareil à feu fixe éclairant l'horizon entier	
	2 Lentilles mobiles	
Lampes.	3 Lampes hydrostatiques	
Machine de rotation	1 Machine de rotation et ses accessoires	
Lanterne	1 Lanterne et ses accessoires	
Fournitures diverses	Fournitures et dépenses accessoires :	
	Mèches et cheminées de cristal	
	Ferblanterie, brosserie, peau de chamois, rouge à	
	polir, ustensiles et outils &ᶜ	

Total

Prix d'un phare à feu fixe de 6°. Ordre.
diamètre intérieur 0^m.30°

Partie optique	Le prix d'un appareil éclairant l'horizon entier ou 360° est de	
	Un appareil éclairant 270°	
	Un appareil éclairant 180°	
Support de l'appareil	1 Candelabre en fonte et pièces accessoires	
Lampes	3 Lampes à niveau constant	
Lanterne	1 Lanterne avec glaces y compris la coupole	
Fournitures diverses	Fournitures et dépenses accessoires : Mèches et cheminées de cristal .... Ferblanterie, brosserie, peau de chamois, rouge à polir, ustensiles, outils &°.	

Total ....

N. B. A cette somme il faut ajouter le prix de l'appareil catadioptrique qui varie suivant le nombre de degrés à éclairer.

Prix d'un Phare à courtes éclipses du 6.e Ordre dit feu de port.

Partie optique .	1 Appareil à feu éclairant l'horizon entier
	2 lentilles mobiles ....
Lanterne .	1 Lanterne avec glaces et accessoires ....
Lampes .	3 Lampes hydrostatiques ....
Machine de rotation	1 Machine de rotation et ses accessoires ....
Fournitures diverses .	Fournitures et dépenses accessoires :
	Mèches et cheminées de cristal ....
	Ferblanterie, brosserie, peau de chamois,
	rouge à polir, ustensiles, outils, &.ª ....

Total ....

Le prix de l'entretien annuel de ces petits appareils, varie de 800 à 1200 f.ᶜ

MÉMOIRE

PRÉSENTÉ A L'ACADÉMIE DES SCIENCES, LE 8 JANVIER 1844.

PHYSIQUE APPLIQUÉE.

NOTE SUR L'APPAREIL CATADIOPTRIQUE

EXÉCUTÉ PAR M. FRANÇOIS JEUNE,

pour le phare écossais de Scherivore.

Commissaires, MM. Arago, Mathieu, Babinet.

« Les appareils lenticulaires imaginés par *Augustin Fresnel* comprennent, indépendamment du tambour dioptrique fixe ou mobile, une partie accessoire destinée à recueillir et diriger vers l'horizon les rayons lumineux qui, émanés du foyer central, passent au-dessus et au-dessous des lentilles.

« Cette partie accessoire a été, dans la plupart des cas, formée d'un système fixe de miroirs concaves étagés en zones horizontales, tant au-dessus qu'au-dessous du tambour lenticulaire.

« Aux deux phares de Cordouan et de Marseille, le tambour dioptrique tournant est surmonté d'un système également mobile composé de huit panneaux lenticulaires disposés en pyramide tronquée, et d'autant de miroirs plans, pour envoyer à l'horizon les huit faisceaux lumineux émergeant perpendiculairement aux faces de la pyramide.

« Une troisième combinaison, préférable aux deux autres sous le double rapport théorique et pratique, a été appliquée par l'inventeur aux petits fanaux lenticulaires de 25 à 30 centimètres de diamètre intérieur. Dans ces appareils qui, à raison de leur exiguïté, ne comportaient pas l'emploi des miroirs, le système accessoire catoptrique a été remplacé par un système catadioptrique d'anneaux à section triangulaire, produisant la réflexion totale.

« Le premier appareil de cette espèce fut exécuté, peu de temps avant la mort d'*Augustin Fresnel*, par M. *Tabouret*, conducteur des ponts et chaussées, attaché au service spécial des phares.

« L'application de ce système aux appareils de plus grandes dimensions devait, à cette époque, paraître presque inexécutable. A peine, en effet, pouvait-on obtenir la taille d'anneaux dioptriques de 75 à 80 centimètres de diamètre pour les grandes lentilles plan convexe. Quant aux tambours dioptriques fixes, d'un diamètre excédant $0^m,30$, on les composait d'éléments cylindriques dont l'assemblage présentait, au lieu d'un système annulaire, un système polygonal à 16 côtés pour les appareils de 0^m,50 de diamètre (3e ordre, petit modèle); à 20 côtés pour les appareils de 1^m,00 de diamètre (3e ordre, grand modèle); à 24 côtés pour les appareils de 1^m,40 de diamètre (2e ordre); et à 32 côtés pour les appareils de 1^m,84 de diamètre (1er ordre). ··

« On pouvait sans doute exécuter un système polygonal catadioptrique par les procédés employés pour le système polygonal dioptrique ; mais l'ajustement de cette multitude de prismes à réflexion, dont la position ne pouvait être exactement réglée que sur place, eût présenté une complication inadmissible.

« Il fallait, pour la solution pratique du problème, que le moulage et la taille des grandes pièces de verre fissent de nouveaux progrès.

« Un fabricant de glaces de Newcastle, M. *Cookson*, placé à cet égard dans une situation singulièrement favorable, à raison des moyens de tout genre que lui offrait son vaste établissement, tenta le premier, en 1836, d'exécuter au tour les tambours dioptriques du premier ordre qui, jusquelà, avaient été formés en prismes à 32 pans. Les résultats de ces premiers essais, sans être pleinement satisfaisants, stimulèrent le zèle des deux artistes français qui se livraient à la fabrication des appareils lenticulaires, et bientôt nous obtînmes des tambours dioptriques de près de 2 mètres de diamètre, exécutés au tour avec une précision qui augmentait l'effet utile de cette partie principale des appareils d'un quart environ.

« Dès lors, il fut permis de reprendre, avec quelques chances de succès, le projet d'exécuter sur une grande échelle les appareils catadioptriques. Toutefois la considération des dépenses d'outillage et du prix de revient était véritablement décourageante, surtout avec une perspective aussi étroite quant au déplacement de produits aussi chers.

« Cependant l'habile ingénieur écossais chargé de la construction du phare de Scherivore, M. *Alan Stevenson*, s'attacha avec ardeur et constance à l'idée de couronner ce monument, qui devait coûter deux millions, par le plus bel appareil d'éclairage dont l'exécution fût possible dans l'état de la science et de l'art.

« Ce programme fut accueilli par la commission des phares d'Écosse, et il fut décidé que l'écueil de Scherivore serait signalé par un appareil catadioptrique de premier ordre, dont toute la partie optique serait exécutée à Paris.

« Une correspondance suivie s'engagea à ce sujet entre M. *Alan Stevenson* et l'ingénieur secrétaire de la commission des phares de France.

« Celui-ci calcula d'abord, et fit exécuter, comme premier essai, deux appareils catadioptriques de 1^m,00 de diamètre (3e ordre), dont l'un, sorti des ateliers de M. *Henri Lepaute*, éclaire depuis quelques mois l'entrée du port de Gravelines, et dont l'autre, construit par M. *François* jeune, est destiné au phare qui s'élève à l'embouchure de l'Abervrach, sur la côte nordouest du Finistère.

« Malgré le succès complet de cette première expérience, l'exécution des anneaux réfléchissants de premier ordre se présentait toujours comme une entreprise grave et périlleuse. Aussi le secrétaire de la commission des phares, en remettant à M. *François* jeune le tableau ci-joint des centres et rayons de courbures des dix-neuf anneaux de verre qui devaient composer la partie catadioptrique d'un phare de premier ordre, crut-il devoir insister auprès de cet artiste pour qu'il pesât mûrement les conséquences de l'engagement qu'il allait prendre envers l'administration des phares d'Écosse.

« M. *François* jeune n'hésita pas un instant. Il entreprit résolument un travail qui lui offrait de graves difficultés à vaincre dans un but de haute utilité publique.

« On peut se faire une idée de ces difficultés à la seule inspection du tableau des rayons de courbures des surfaces réfléchissantes des anneaux catadioptriques, rayons qui varient de 6^m,816 à 8^m,749.

« L'anneau n° 1er, auquel répond le rayon maximum, a 2 mètres de diamètre extérieur. Les deux côtés adjacents à l'angle obtus (de 117° 26' 42") ont respectivement 92^{mm},380 et 95^{mm},209 de longueur.

« Les deux faces réfractantes ont été supposées rectilignes dans le calcul; mais, eu égard à la difficulté d'exécuter avec précision des surfaces coniques, on a (suivant l'ingénieuse idée de l'inventeur) substitué aux deux génératrices rectilignes deux arcs de cercle d'égal rayon (4^m,00), en observant de les tourner en sens inverse, afin que la convergence résultant de la convexité d'une face fût compensée par la divergence résultant de la concavité de l'autre face.

« Chaque anneau a été composé de 4 arcs égaux.

« Ces pièces ont d'abord été coulées, sous forme brute, à la manufacture de Saint-Gobain, dans des moules fournis par M. *François* jeune.

« Cette première opération a présenté des difficultés qui auraient pu décourager une volonté moins ferme et un esprit moins fertile en ressources.

« Chaque anneau brut a ensuite été rodé au grès, douci à l'émeri, et poli au rouge d'Angleterre sur un tour mû par une machine à vapeur.

« On conçoit quelles précautions requérait la bonne exécution d'une surface annulaire réfléchissante, à tailler au moyen d'un frottoir emmanché d'une tige oscillante de 8^m,75 de longueur, et combien devaient être soigneusement étudiés les moyens d'assurer la rigidité de cette tige, ainsi que l'exactitude de position et la fixité du centre de rotation.

« Non-seulement ce difficile problème a été résolu avec un plein succès, mais il l'a été sans tâtonnement, sans fausse manœuvre, et sans qu'on ait eu à regretter la perte d'un seul anneau cassé sur le tour.

« Après avoir été vérifiés par la réflexion d'une balle rouge placée à leur foyer, les anneaux ont été assemblés en panneaux.

« Pour satisfaire aux dispositions arrêtées par M. *Alan Stevenson*, M. *François* jeune a divisé sa coupole catadioptrique en huit fuseaux embrassant chacun 45 degrés.

« L'un de ces fuseaux a été mis deux fois en expérience à l'observatoire.

« Illuminé par une lampe de premier ordre à quatre mèches concentriques, brûlant de 670 à 700 grammes d'huile par heure, ce panneau catadioptrique présentait une barre brillante qui, d'après la moyenne de six observations d'équiombres, équivalait à 140 becs de lampe de *Carcel*, brûlant 42 grammes d'huile par heure.

« La coupole catoptrique, que remplace le nouveau système, se compose ordinairement de 7 zones horizontales comprenant chacune 32 miroirs concaves. Son éclat paraît plus ou moins grand, selon que l'on se place dans la direction de l'axe ou des intervalles des miroirs, mais l'éclat moyen répondant à l'effet utile a été trouvé de 87 becs de *Carcel*.

« Ainsi donc, l'effet utile de la nouvelle couronne est à celui de l'ancienne comme 1,61 est à 1.

« Il est à présumer que le même rapport existera, ou à peu près, pour la partie inférieure au tambour lenticulaire; et, comme on a trouvé 46 becs pour l'éclat moyen des 4 zones inférieures de miroirs, on peut compter sur 74 becs pour l'éclat des 6 anneaux catadioptriques correspondants.

« L'état d'un tambour lenticulaire fixe de premier ordre, à éléments annulaires, étant, d'ailleurs, équivalent à 360 becs, on peut résumer, par le petit tableau suivant, le rapprochement dont il s'agit.

Éclats mesurés en becs de Carcel.

	1er système.	2e système.
« 1° Tambour dioptrique fixe.	360 becs.	360 becs.
« 2° Partie accessoire, coupole. . . .	87	140
zones inférieures.	46	74
Totaux. . .	493 becs.	574 becs.

« En définitive, la substitution des anneaux prismatiques aux miroirs d'un phare fixe de premier ordre augmenterait l'éclat moyen de 81 becs, c'est-à-dire de plus de l'équivalent d'un phare de troisième classe.

« A cet accroissement d'effet de 16 1/2 pour 100 sur l'éclat total, se joignent deux avantages capitaux, celui de l'égale distribution de lumière et celui de l'inaltérabilité du pouvoir réfléchissant des anneaux catadioptriques.

« Bien que la question fiscale ne soit ici que secondaire, il n'est peut-être pas inutile d'en dire un mot en terminant.

« Le système des 11 zones de miroirs courbes d'un phare de premier ordre coûte, avec les pièces accessoires. . . . . fr. 6,000

« Le système catadioptrique correspondant a été soumissionné au prix de. 20,000

Augmentation. . . fr. 14,000

« Si donc on prend pour exemple un phare de premier ordre, coûtant annuellement en frais d'éclairage et de service ordinaire 7,500 et qu'à cette somme on ajoute pour l'intérêt de la valeur de l'appareil d'éclairage. 1,500

fr. 9,000

« On trouvera que le boni ci-dessus calculé, de 16 1/2 pour 100, équivaudrait à 1,485 fr., somme supérieure à l'intérêt des 14,000 fr. d'excédant de prix d'acquisition.

« Ainsi donc, à ne considérer le nouveau système que sous le point de vue fiscal, on voit que l'augmentation d'effet utile qu'il offrirait ne serait pas acquise à trop haut prix. »

Imprimerie de Mme Ve BOUCHARD-HUZARD, rue de l'Éperon, 7.

RAPPORT

fait à la Société d'encouragement pour l'industrie nationale,

PAR M. CALLA FILS,

AU NOM DU COMITÉ DES ARTS MÉCANIQUES,

SUR

L'ÉTABLISSEMENT DE M. FRANÇOIS JEUNE,

opticien, rue des Poissonniers, à la Chapelle-Saint-Denis.

Messieurs, le système d'éclairage de *Fresnel* pour les phares est depuis longtemps connu du monde savant ; dès l'année 1823 vous avez décerné à son auteur votre première récompense (1), et depuis cette époque l'expérience a consacré le mérite de ce système et constaté les immenses résultats que vous en attendiez.

Nous venons vous entretenir aujourd'hui d'un homme aussi habile que modeste, M. *François* jeune, qui, par la hardiesse et l'exactitude qu'il a ap-. portées dans l'exécution de ces appareils, a puissamment contribué aux développements et aux améliorations dont ils ont été l'objet depuis leur création.

Déjà vous avez donné vos éloges à M. *Soleil* père, habile opticien, pour les soins qu'il a apportés à l'exécution des premiers appareils de *Fresnel*, en employant des procédés indiqués par ce dernier. Vous le savez, la mort nous a enlevé depuis longtemps *Fresnel* encore jeune et plein d'avenir ; quelques années plus tard M. *Soleil*, frappé d'une maladie grave, s'est vu dans l'impossibilité de continuer ses intéressants travaux.

M. *François* jeune, son gendre, n'était alors (en 1838) que marchand de fournitures d'horlogerie ; il se plaça résolument à la tête de l'établissement que M. *Soleil* se voyait forcé d'abandonner.

Doué d'un esprit exact et droit, il reconnut bientôt que les appareils construits par son prédécesseur pour la taille des verres, premier jet d'une com-

---

(1) Voyez 22ᵉ année du *Bulletin*, p. 115.

binaison nouvelle, laissaient beaucoup à désirer sous le rapport de la solidité des organes du mécanisme et de l'exactitude des produits; il y introduisit immédiatement de notables améliorations.

Ce qui distingue particulièrement M. *François*, c'est sa manière absolue d'envisager les travaux dont il est chargé par les ingénieurs qui lui accordent leur confiance. Il reçoit des épures calculées avec une précision mathématique; il n'admet pas que l'exécution puisse n'être qu'approximative; il ne recule devant aucune tentative, devant aucun progrès, pour mettre cette exécution à la hauteur de la conception.

M. *Soleil* reculait d'abord devant l'exécution d'un prisme courbe en verre de plus de 50 centimètres de longueur.

M. *François* améliore les lingotières destinées au coulage des prismes, sollicite les administrateurs de la manufacture de Saint-Gobain de l'aider à atteindre son but, et, grâce à l'intervention bienveillante et éclairée de M. *Gay-Lussac*, grâce au zèle et à l'habileté de M. *Nally*, agent général de cette manufacture, il obtient des prismes courbes de 1^m,40 de corde et d'à peu près 20 centimètres de flèche, des segments d'anneaux sphériques de 80 centimètres de corde sur 28 centimètres de hauteur.

Ces résultats obtenus, il fallait que la taille de pièces de cette dimension fût irréprochable. M. *François* remplace les instruments imparfaits qu'il avait trouvés dans l'établissement par des tours à cristaux, montés sur de solides bâtis en fonte dont les plateaux ont 1^m,30, 2^m et jusqu'à 2^m,30 de diamètre.

Les pièces de verre n'étaient fixées, avant lui, que sur des mandrins en plomb coulés pour chaque opération et d'une exactitude douteuse; il remplace ces mandrins par des cylindres en fonte très-rigides et d'une exactitude rigoureuse; enfin une machine à vapeur vient remplacer le manége qui servait de moteur à l'établissement.

De tels efforts devaient être et ont été couronnés de succès. Grâce au zèle et à l'activité de M. *François*, les ingénieurs français ont pu développer sans crainte toutes les conséquences de l'admirable système d'éclairage de M. *Fresnel*, et les produits de cet habile opticien sont aujourd'hui placés sur plusieurs des principaux phares de la France et de l'étranger.

Ajoutons encore une circonstance à l'honneur de notre industrie. Le bureau des ingénieurs des phares de l'Écosse, frappé de la puissance des derniers appareils construits par M. *François* sur les dessins de M. *Léonor Fresnel*, frère de celui dont nous déplorons la perte, veut en établir de semblables sur les côtes de l'Écosse. Ils obtiennent de l'administration française tous les renseignements nécessaires, s'adressent vainement aux plus habiles opticiens de leur pays, et viennent charger M. *François* de cet important travail.

Déjà plusieurs appareils ont été expédiés par lui en Angleterre ; nous avons vu des lettres de M. *Stevenson*, ingénieur du bureau des *Northern-Lights;* il exprime hautement à M. *François* la satisfaction qu'ont éprouvée tous ses collègues pour la parfaite exécution de ses travaux.

Le succès de M. *François* dans les premiers appareils livrés à l'Angleterre détermina M. *Stevenson* à lui demander l'exécution d'un appareil catadioptrique pour un phare de premier ordre, sans lentilles additionnelles et sans miroirs réflecteurs.

Cette combinaison, qui a pour effet de réduire dans une grande proportion la perte de lumière, n'avait jamais été tentée parce qu'on avait cru que l'exécution en était matériellement impossible ; mais le mot *impossible* ne paraît pas exister dans le vocabulaire de M. *François;* il s'en est chargé, et n'a pas hésité à construire les machines nécessaires à l'exécution de cet appareil.

Ces machines, dans lesquelles M. *François* a fait entrer toutes les conditions d'exactitude et de solidité désirables, ont été fort coûteuses ; mais le résultat a dépassé toutes les espérances, et les premiers anneaux de l'appareil catadioptrique déjà terminés, ayant été examinés par M. *Léonor Fresnel,* ne lui ont laissé que des éloges à donner. Votre comité des arts mécaniques a visité avec le plus grand intérêt les ateliers de M. *François*.

Le temps nous manque pour entrer dans de plus amples détails sur ses beaux travaux ; mais nous n'avons pas voulu tarder davantage à appeler votre attention sur un établissement qui rend de si grands services et dont le pays doit s'honorer.

Vous avez sous les yeux un bel exemple de la perfection des produits de l'établissement dans la lentille à échelons de grande dimension que M. *François*, à notre invitation, a soumise à votre examen et dont l'exactitude est si grande que, pour une surface de 70 centimètres de diamètre, l'image solaire est réduite à un diamètre de 4 millimètres.

D'après ces considérations, votre conseil d'administration n'a pas hésité à décerner à M. *François* la médaille d'or, comme une récompense justement méritée pour les succès remarquables qu'il a obtenus dans ses travaux.

Signé Calla fils, *rapporteur.*

Approuvé en séance, le 6 septembre 1843.

Extrait du Bulletin de la Société d'encouragement pour l'industrie nationale,
quarante-deuxième année. Août 1843.

Imprimerie de Mᵐᵉ Vᵉ BOUCHARD-HUZARD, rue de l'Éperon, 7.